Jeux de mots

Lydia Montigny

Jeu de Mots…

… ou théorèmes et jeux poétiques…

©2017, Lydia Montigny
Editeur : BoD – Books on Demand,
12/14 Rond-point des champs Elysées – 75008 PARIS
Impression : BoD – Books on Demand
Norderstedt, Allemagne

ISBN : 978-2-322-08239-1

Dépôt légal : Août 2017

Ecouter et lire

Parler et écrire

Puis sourire, ... sourire et rire...

ECRIS…

Ecris sur le mur
Cette belle aventure
Et tes mots les plus chers
En deviendront les pierres…

Ecris sur le ciel
Les soupirs du vent
Et la bise des serments
Se fera de miel…

Ecris dans tes rêves
Le jour qui s'achève
Et je resterai là
A te parler tout bas…

Sur le fil de ta libre pensée,

je vais vers toi,

page à page,

en équilibre…

C'est l' « équilivre » !...

JEUX DE MOTS

Juste un mot
Pas un numéro
Un mot juste, un
Un peu félin ?
Pur faire l'autre, hein ?
Un petit mot
Pas un gros mot,
Ni déplacé
Sinon croisé,
Ou bien fléché,
Un mot lacé
En colimaçon
Pas mollasson !
Je te prendrai au mot
Ecrivant au plumeau
D'infinitésimaux
Maux si hiémaux…
Il va sans mot dire
Et jamais sans maudire,
Que ces mots didactiques
Ne sont pas argotiques,
Je ne soufflerai mot
De tous ces à-propos…

       …/…

… /…

Les mots de passe se fixent
L'espace d'un suffixe
A ces mots rigolos
Comme des petits animaux
Qui courent sur les lignes
Par-delà les vignes
Les monts et les vaux…
Ce sera là mon dernier mot…

SOURIS !

As-tu su que ce souriceau
Dormait sous ce seau ?
Si six sots en sortaient,
Lui s'éclipsait !
Et qui l'a vu aussi ?
Le fils du roi, son sosie,
Pense, disserte, et dit : « certes !
Mon sceau sera cette bête ! »...
Et ce fut ainsi fait
Pour le petit futé !...

Apprendre à lire, à écrire, à transcrire…

Quel Art !...

Ce qui se passe dans la lecture semble de prime abord, invisible… MAIS !...

Ô grand MAIS !...

Le regard parcourt les lignes, et selon la teneur des phrases et des mots, l'esprit et le corps ne peuvent esquisser des ressentis tels que : les flux, stases, élans, chocs, précipitations, pauses, colères, joies, amours, peurs, puis se diffusent dans le corps, et même si cela semble imperceptible, l'être vibre…

Tout vit dans cette lecture…

Alors…aimons-la !...

PRONOM

Voici quelques flexions
Après maintes réflexions :
Assouplissement d'un nom,
Déclinons les pronoms.
Il va sans dire que Toi
Tu n'attendais que ça !
Je et tu font un nous
Joy-eux voire un peu fou !
Quel é-moi se dessine
En mar-je de ces signes !
L'impératif est mort !...
Sans pronom, on a tort...
Les formes et les fonctions
Sont nôtres, et les fictions
De suaves déflexions.
Et tout devient passion !
Pour l'heure, n'étant maître de la mienne
Je te décline ce poème...

JE !... (JEU)

Tu... m'as dit... je

Je... t'ai dit... nous

Nous... avons dit... vous

Ils... ont dit... quel jeu ?

JE…
C'est le pronom personnel
D'un Narcisse obsessionnel…
Je préfère Tu, personnalité
En 3D, voire en 3dés…
TU…
Tu conjugues à tous les temps
Et Tu pointes ton doigt
Ce Tu, qui tue le présent
Ce toi qui parle tout bas…
IL…
Il paraît que cette île
Abrite une idylle…
ELLE…
Elle sera ton aquarelle
Mais sera-t-elle réelle ?
NOUS…
C'est Tu et Je, qui se nouent
L'absolu un + un = Nous,
Proie des loups jaloux
Nous, résiste à tout…

VOUS …
Le superficiel pour Vous
Laisse l'essentiel pour Nous,
Et Vous, sans eux
Quel désastreux jeu…
ILS… ELLES…
Qu'importe le verbe, qu'importe le temps
Pour faire un vœu en cet instant
Aux portes de ce lieu apaisant

Faire un vœu, voiles au vent…

Pour apaiser ou rassurer
Pour dire « bonjour » ou « au revoir »
Pour endormir ou réveiller
Pour consoler ou juste vouloir
Avoir le même en retour
Pour demander ou dire « merci »
On peut le donner ou le voler
Qu'il soit énorme ou tout petit
Si timide ou plein d'amour
C'est un… Bizou !... j'appuie sur ?...

« Envoyer » !...

MOT DE PAS-SAGE…

Qui est ce jongleur de quilles
Lançant en l'air des mots en vrille
Pour retomber en phrases divines ?...
Les jeux de mots-l'air y fusent
Même Syr-acuse…
Un lemme bien rigol-eau
Privilège d'un demi-mot,
C'est juste un mot à maux
Qui passe comme un fin mot…

DERRIERE TA PAGE…

Je me cache dans le feuillage
Intemporel de ton paysage…
Je papillonne dans l'azurage
De ton regard… j'en suis l'otage…
En mots si sages tu me gages
D'un invisible tatouage…
Je te dévisage davantage
Sur le rivage de cette image
Entre ces mots sans défrichage
Et tout ce temps sans déchiffrage
Je vais, sauvage, faire naufrage
Dans ton vagabondage…
Je me cache derrière ta page…
Souffle !!!... sur les nuages … !!!

Dans chaque livre

il y a un cœur :

… celui que l'on a mis

pour écrire

chaque mot…

SUR LA PAGE ENDORMIE

Tu rêves d'une plage
Où l'unique coquillage
Se berce dans le soupir
De la vague qui s'étire…

Je rêve dans la nuit
De l'écho de ta vie
Et son battement me dit
Que tu lis et souris…

Tu rêves d'un voyage
Aux aurores boréales
Où tes bras sont l'escale
De mon cœur en nuage…

Je rêve d'une page
D'une douceur infinie
Où ton visage enfin s'appuie…
Tu t'endors…si sage…

COMPRENDRE

Il est facile de comprendre les mots, les phrases, les livres…

Lorsque chaque mot est à sa place, accompagné d'une belle ponctuation, lorsque les sujets et les verbes correspondent aux temps justes… mais il reste au lecteur d'apprécier, ou pas, de comprendre, ou pas… et qu'y a-t-il de compréhensible… ou pas ?

Comprendre ne veut pas dire être d'accord… on s'accorde des plages de compréhension, on fait la démarche d'aller vers une révélation, on va au-devant pour connaître, mais ce n'est pas pour autant que l'on acquiesce…

Mais refuser de comprendre, c'est anticiper ce qui est déjà compris pour le rejeter immédiatement, c'est obstruer sa vision, refuser de se grandir, fermer son cœur à toute forme de partage et de tolérance, c'est ne plus avancer, refuser d'évoluer…
…et là, on entend le claquement d'un livre qui se referme !...

Le mien reste ouvert…

...PLUSIEURS...

« Plusieurs »... s'écrit toujours avec un « s », comme « toujours »...

Mais « unique » peut prendre aussi un « s », donc il n'est pas « unique », ils sont « uniques »...

Alors ils sont « plusieurs » !...

… Et parfois je tourne en rond
Cherchant un mot ou bien un son,
J'erre ici, ailleurs, sur une page
Sur une photo, ou une image…
Je croyais que tout…
J'imaginais que rien…
Tout, est autour de Rien
Mais n'inclut pas Tout,
Et pour un Rien du Tout
Il va du Tout au Rien…
Et je n'en sais plus Rien
D'ailleurs, Rien est quelque chose…
La vie est sa virtuose…

PAS

Un pas, puis un autre, droit devant
Tout droit devant soi, comme un robot…
pourquoi ?...

Un pas rythmé, à gauche, à droite, comme un tango
Latino, paso doble… la vie est un cadeau

Mais faire un pas, un seul, sans toi
C'est reculer, tomber, et ne plus savoir se relever…

LE MUR...

Elle a ramassé des cailloux
Pour construire un immense mur
Voulant protéger son futur
De tant de maux, de tant de coups...

Elle a dansé pour que la pluie
En mille gouttes de soleil
Fasse un mur d'un bel arc en ciel
Dans une douce symphonie...

Elle a appris à écrire
Tant de mots pour construire un mur invisible ici
Mur de la Paix, mur de la Vie,
A coup d'amour, il se bâtit...

VOIR…REGARDER…

On n'apprend pas à Voir, mais à Regarder…

On découvre la vision des choses, du monde, mais la réflexion nous permet de Regarder…
Regarder fait appel au sentiment, à l'imaginaire, à l'instinct, ce que Voir ignore.

Re-Regarder peut devenir une joie renouvelée ; Re-Voir n'incline pas à la tristesse par son « au Revoir », mais à l'attente de se voir à nouveau.
La notion de temps intervient dans ce Voir qui prend une fraction de seconde, et ce Regard qui peut durer une éternité…

Une idée à Re-Voir ?...

Tu donnes un nom
A une histoire
Et un prénom
A une star

Tu griffes un « non »
Sur l'horizon
De ta chanson
Couleur passion

Tu sais mon nom
Mais qu'en est-il
De mon histoire ?
Quel mot fragile
Doux de pardon
Erre dans le soir ?...

UNIVERS… ELLE

Fais un 6 à l'envers,
  Et un 9 à l'endroit,
Fais un 1 de haut en bas
  Et un 1 de bas en haut,
Fais un 8 de droite à gauche
  Et un 8 de gauche à droite,
Fais un 0 dans un sens
  Et un 0 en sens inverse…

… il est ainsi possible de faire la même chose avec des lettres, des signes, des symboles…
Fantaisie de tout langage ou de l'art, là il n'y a plus de frontière à la compréhension universelle…

Dommage que cela en reste là…

RECTO VERSO

Recto verso
La vie en première page
Belle comme une image
C'est le recto « perso »
Ce détail à fleur de peau...
Le verso dans le dos
La douleur d'un couteau
C'est la vie qui te mord
Et te rendra plus fort...
Verso recto
Qu'importe les mots
Il fait toujours beau
Le soleil sur la peau...

LE BRUIT DES MOTS

On saurait quoi faire en cas de guerre, avec ou sans arme…

On pense qu'on saurait comment faire en cas de maladie, avec ou sans traitement…

On suppose ce qu'on aurait pu penser faire juste avent de quitter ce monde, avec juste une heure devant soi…

Et parfois, devant une question, une réponse, un mot, on ne sait plus quoi faire, quoi penser… alors on attend… toute la vie reste accrochée au son que le bruit de ses mots aurait fait à cet instant…

A… TOUT LE TEMPS…

J'écrivais à l'imparfait
Ce que le temps torturait
Page arrachée ou chiffonnée
Les confettis s'envolaient…

J'écrirais au conditionnel
Un roman fleuve, atemporel,
Et son sujet circonstanciel
Demeurerait confidentiel…

J'écrirai partout sur l'avenir
La douceur de ce souvenir,
Les yeux fermés je devinerai
Le temps que tu voulais créer…

Le Passé ?... c'est du... « Déjà vu ! »...

Hier ?... « On en vient ! »...

Demain ?... « On y va ! »...

Le Futur ?... « Jamais vu ! »

Aujourd'hui ?... « Vis ! » !....

100

C'était si tentant !
Le temps étant
Si lent sur l'étang,
Les reflets n'ont de sens,
Sans que je ne vous offense,
Que lorsqu'on pense
A temps, au contresens…
La vie a un sens !...

Il coule là un sang
Comme unique présent
Pur depuis les temps
Où le jour bienveillant
A voulu que « 100 ans »
Soit un astre un instant…
A travers tout ce temps
Je suis sans dessus-dessous, sans….

FIN MOT

Ou

MOT DE LA FIN

Ecrire « FIN » au « début » d'un texte, c'est comme lire un livre en commençant par la « fin »…
Quel dommage… !
Alors que l'on n'écrit jamais « DEBUT » ni au « début », ni à la « fin »…

« Finir » veut-il dire : terminer une action dans le but d'un commencer une autre, avec l'imperceptible sensation de faire une suite ?... Ou est-ce un « NON », un irrévocable point « final » ?...

Pourquoi ne pas croire en l' « INFINI » alors ?

Le jour où chacun se demandera pourquoi il faut une « FIN », ou pas, puisque nous sommes tous différents et tous semblables, ce sera un beau « DEBUT »…

Encore un pas
Un pas vers toi
De toi à moi
Un petit pas
Un pas de deux
Si joyeux
Encore un pas
Sans perdre le pas
Je t'attends là
Faisant les cent pas
Et ne quitterai pas
D'un pas tes pas…

MOBIUS

Un trait… pour relier un point à un point
Comme un pont, d'un point au lointain,
Un trait pour lacer comme un ruban
Enlacer ton corps comme un serment,
Un trait pour poser ton invisible voix
Mélodie de mon âme parfois,
Un trait de lumière brisant la nuit
Délassant ton sommeil qui s'enfuit,
Un trait… pour dessiner ce demain
Et qui s'enroule autour d'un point…

A POINT D'HEURE

A midi, à minuit,
C'est le bruit
De la pluie
Qui t'écrit...

A minuit, à midi
C'est la vie
Qui te sourit
Au soleil aussi...

Dans l'ennui de minuit
Tu te dis :
« Aujourd'hui,
Ecris-lui... »

Au zénith à midi
Tu m'as dit :
« Aujourd'hui
Est infini... »

Le liseur est un gourmand,

tandis que le lecteur est un gourmet…

Alors …. J'écris !....

LE FRANÇAIS

Connaissez-vous bien le français ?
C'est une langue académique
Franceis, françoys, ou bien français,
C'est une belle gymnastique
Une chorégraphie artistique
Mêlant musique universelle
Et pas de danse existentiels…
Par sa culture et sa pensée
Le français parcourt le monde,
De son écriture ronde
La langue de Molière plait !
Elle fut la chanson de Roland
Puis de Renart, le roman…
Sa sémantique riche à souhait
Structure ou torture les phrasés
Mais cette langue si vivante
Avec ses modes et tous ces temps
Est une discipline noble et grande
Toute en nuances et en accents…
L'alphabet morse survivra-t-il
Aux SMS si subtils ?
Du latin de la Rome Antique
Naquit le français… romantique…

Une journée sans écrire
Est une journée sans sourire,
Une journée sans lire
Est une journée bien pire…
Alors je vais inscrire
Tes pensées et soupirs
Tant de lettres pour te dire
J'écris, à l'encre de ton rire…

CODE

Le monde veut tout coder
Gestes et identités,
La dichotomie veut tuer
Les sentiments innés,
Et faire des aliénés
D'aliens programmés
Pour crypter d'insensées
Puces dans nos pensées…

Une vie numérique
N'a pas de code magique
« game over » est l'idée
D'un geek désespéré…
Même si le monde abonde
De tant de performances
Et qu'un jour se confondent
Les codes piratés
Je garde en secret
Mon ADN codé…

PUZZLE

« Fais un puzzle de toute ta vie :
De jolis dessins, de belles couleurs,
Avec des noms et des bonheurs,
Mais la dernière pièce, je t'en prie
Ne la pose pas, et garde inachevé,
Comme on garde un secret,
Le puzzle de ta vie… »

Signé : la pièce-clef… du Paradis…

Je songe, en effeuillant
Le rêve d'un beau livre
A ce grand océan
Et à son bateau ivre,
Au chant d'un ruisseau clair
Dans la paix d'un soir bleu,
A ce paradis vert
Que tu peins dans mes yeux...
Je songe à cette ligne
Qui glisse sous ton doigt
Un doux papier de soie
Et son encre chagrine,
Je songe, en effeuillant
Le rêve de ce beau livre
Au chemin qu'il faut suivre
Pour le lire doucement...

Rien ne se divise…

ou ne serait-ce qu'un minuscule instant

pour reformer autre chose…

et donc… se multiplier ?...

PourTemps…

Il existe des signes chuchotants, chantants, envoutants dans l'air du temps

Il existe des lettres à travers temps, des instants éclatants, comme des songes virevoltants

Il existe des mots s'incrustant, s'immisçant, s'insérant dans l'absolu du présent

Il existe des paroles si belles, si justes, si vraies, qu'on les graverait sur l'éternité….

PETIT BONHEUR

C'est tout un bonheur d'écrire,
Puisque tu vas le lire…

Alors je n'arrête pas d'écrire
Et écrire…

Mais je crains ce vide qui pourrait s'ouvrir
Sur une page blanche… vite je prends ma plume pour te laisser me lire

OU PRESQUE...

Vous ne me voyez pas,
Je ne vous vois pas,
Et si je ne vouvoie pas,
... alors, on se tutoie ???

FIGURES DE STYLE

A la lumière qui luit ici
Sur les prémisses qui s'immiscent
Entre promesses et prémices,
C'est son caprice, aussi…

A l'ombre qui se cache
Sous chaque tâche de gouache,
Dans la mousse de la houache
Elle vit de lumière, son attache…

Aux couleurs qui embrasent
Les ciels de vie sans oukase
Et les cœurs en extase
Je décline figures de style, et phrases…

Les aiguilles du Temps

se plantent dans mon cœur

impatient...

JE T'ECRIS

Je t'écris cette lettre
Pour te dire… Comment dire
C'est comme ça… Sans question,
Sans réponse, sans soupir…
Point de virgule, de ponctuation,
Point-virgule, sans exclamation…
La vie s'écrie, ses cris
S'écrivent en quelques lettres…
Je la cacherai là, ne l'enverrai pas
Pour qu'elle ne te blesse pas
Je la garderai tout contre moi…
… Serre-moi contre toi…

Une journée sans musique est une journée sans soleil,

une fleur sans parfum,

une mer sans vague…

Elle est cette présence presque invisible,

sans un mot,

indissociable de la vie…

LANGAGE

Il y a tant de langages,
Ceux des rêves ou des gens sages,
Complexes ou simples adages,
Ils sont toujours un beau voyage…

Quand les langages sont des signaux
On peut les voir ou les entendre
Dans les danses des oiseaux
Ou les baleines aux chants si tendres.
Il y a des phrases diplomatiques,
Archaïques ou stylistiques,
Superficielles, artificielles…
Dans le langage d'un logiciel
Tout est formel et sans excès,
Le subtil de la liberté
Devient un graphique codé…

…/…

… / …

Alors je ferai des fautes
Belles à te renverser,
Dans mon langage poétique.
J'écrirai même la musique,
Tes pensées en seront les notes,
De belles fleurs je pleurerai
Dans le langage du bonheur.
Reste à connaitre celui de mon cœur…
…A la vie… à tout à l'heure…

Une vie

peut se résumer en

3 mots,

3 lettres,

3 chiffres,

3 secondes,

3 D,

…

Quelle équation !...

EN V.O.

Il y a des copies conformes
Que l'on forme
Et déforme
Puis… réforme.

Il y a ces copier-collers
Tout englués
D'une identité
Si stéréotypée…

Qui rendra sa copie
Blanche, quand rien ne s'écrit ?
Je la teinterai de rose
Inimitable prose !

Il y a ces copies
Ces stéréoscopies,
Mais la réalité vit
D'une unique envie,
Ma version originale
Est un Toi, unique et total….

Les hommes ont créé des ronds, puis des cercles, des sphères…

Ils ont fait des carrés, puis des cubes, des triangles, des rectangles, et des tas de figures…

Mais ils ont oublié que le plus beau, le plus transcendant des sentiments, est simplement l'Amour, et ne peut être contenu dans aucun de ces éléments…

Il est en nous, dans le cœur, les yeux, les mots, et merveilleusement indomptable !!...

MOJI

Quel est ce logiciel
Défiant l'artificiel,
Le présent irréel,
Faisant de la vie un pixel ?
Je ne suis pas virtuelle…
Le langage universel
N'a de concept formel,
Je préfère la dentelle
Du code confidentiel,
Au modèle cruel
D'un mode inconditionnel…
Quelle est cette étincelle
Aussi douce que sensuelle ?
Un moji immortel
En mémoire éternelle…
Quel est ce logiciel
Courriel de ce Ciel ?
Un icône existentiel !...

QUEL MOT

Je connais un mot plein de charme
Que ton rire tendre enflamme,
Une légèreté soulevant l'âme
Une tendresse qui désarme…
Je connais un mot que tu aimes
Il ne supporte aucune chaine
Aucun or, ni diadème
Serait-il la sagesse même ?

CIRCONFLEXE...

Puis-je me permettre ?
Juste un mot à mettre,
Minuscule, je dois l'admettre...
Avez-vous vu ce chapeau ?
Circonflexe ! Qu'il est beau !
Voilà qui illumine la lettre
Voire exulte son bien être !
J'aime la voir paraître,
S'écrire et se soumettre
A l'art de son maître,
Et sans jamais omettre
Le jour qui l'a vu naître,
Elle ne pourra disparaître
Sous la gomme du non-être...
Au fil de cette lettre
Je voudrais te promettre
Qu'il n'y aura de lettre hypèthre...
Aussi humble puis-je être...

ETRE OU AVOIR ?

Et le verbe voir ?
Peut-il tout prévoir
Tout concevoir sans jamais décevoir ?
A savoir si son devoir
Aura le pouvoir
D'apercevoir,
Voire, de revoir
Sous ce temps à pleuvoir
Son ami l' « avoir »…
Cela dit, sans s'émouvoir
Il ne put lui dire « au revoir »…

UN MONDE CHAOTIQUE

Où va ce monde chaotique,
Est-il apocalyptique ?
Il n'y a rien de néologique
Tout est authentique,
Mais cela reste énigmatique
Pour Ouranos, le mythique,
Le ciel et la vie démiurgiques,
Et Pontos, aux flots fantastiques…
Là où le monde était stochastique
Tout devint axiomatique !
Digne d'une œuvre cinématique ?
Dans ce chahut acrobatique
L'homme semblait anecdotique
Au milieu d'un paysage anarchique…
Pour une phrase asémantique
Il dû user de rhétoriques
Et d'un équilibre unique
Pour qu'on lui revendique
Les palmes académiques…
Aujourd'hui, d'un monde chaotique
Il fait un chaos artistique…

Ecrire…

C'est poser un fil d'encre sur une feuille,

et voir fleurir le livre quand tu le liras…

au Printemps…

HORS NORME

… Hors du temps, hors du rang,
C'est la vie l'important
Et la couleur du sang.
La horde ne comprend
Rien qui ne soit existant
Hors de son règlement.
La valeur absolue
De ta vie est incluse,
De l'effet à la cause
La norme, c'est autre chose.
Les structures et les bases
Font de bien jolies phrases
Mais les couleurs de l'extase
Sont celles d'un paysage
Sans aucune paraphrase.
Hors du temps, hors de la norme
Toujours l'esprit est en forme !

Si écrire donne de la beauté au silence,

alors sois la tempête qui fera voler toutes les feuilles

et apprends-moi à lire !...

Là où la Pensée est Subjective,
La Réflexion est Objective…

La pensée est l'image, la sensation,
Le sentiment, la contemplation,
Le début de la création, la première
Lettre du mot Apprendre…

La réflexion est la mise en 3D
De l'image, l'appréciation,
L'appréhension, et presque la préhension
N'y pensez plus… Réfléchissez…

Si les livres perdaient

leurs pages en automne,

j'aimerais être déjà au printemps

pour cueillir le parfum de leurs

fleurs …

QUESTION… ?... !

Je viens déposer humblement
Sur la blancheur de la page
Cet absurde paysage
Immobile dans le temps…

Les mots s'alignent, en rang,
Pétrifiés par le néant,
S'enracinant encore plus fort
Dans une réponse défiant le sort…

Dans le bruit de cette écriture
Vais-je poser sur le futur
Ce beau point d'interrogation ?
La vie n'est pas une question !

Elle est ce point d'exclamation !
Eclat de vie sur ta présence,
Elle ricoche en cadence
Comme ses points de suspension…

Si j'écris une histoire, une passion,
Sois ma ponctuation…

… DOUBLE UN…

… Aimer de la même manière le silence de l'impatience, le bruit de la même solitude,

Se connaître comme un livre, la page de gauche étant indissociable de celle de droite,

Chercher son reflet parce que ce n'est plus tout à fait le sien, mais presque celui de l'autre,

C'est rencontrer son double,

Et ne faire qu'UN…

INFORMATION

Voici quelques lignes informelles
Ecrites de façon intemporelle...
Que deviendrait notre vie
Si, par tant d'informations
Reçues à tort ou à raison,
La désinformation
Venait nous traquer sans répit ?
Serions-nous déformés
Contraints d'être réformés,
A peine formés ? Soyons formels
D'où vient-elle, où va-t-elle ?
Mais je préfère la connaissance
A l'abîme de l'ignorance
C'est là, une forme de ... savoir !...
A voir...

J'aime imaginer ta main
Effleurer cette ligne le matin
Et ton visage juste un peu penché
Me regardant attentivement...
Sur le dos, allongée,
Je te dévisage tendrement...
Fusse-t-elle brève ou unique,
Multiple, voire mystique,
Ta lecture seule fait exister
Mon écriture... Je prends vie
Dans le sens où tu me lis,
Un rêve à lire tout éveillé...

Je crois
A ce livre ouvert
Où l'endroit et l'envers
Ne font qu'un extraordinaire
Récit en… dix vers…

Je crois
A l'envers et l'endroit
Ou de travers parfois
Abscisses, abysses adroits…
L'énigme est bien là…

Je crois
A ce livre fermé
Dont tu gardes la clef
Je crois que je viendrai
Pendant que tu liras ça… te la voler !...
Crois-moi !...

F...AIR...

On peut faire et défaire
Refaire pour parfaire
Le temps est à satisfaire
Même s'il est offert
Mais pas à ne rien faire
On a beau faire
Mais pas faire faire
Le poids des fers
Devient enfer
La vie s'affaire
A battre le fer
Et faire face, sans contrefaire.
Je préfère
En silence faire
De la vie... un si bel air...

J'ai écrit ton Nom…

Du bout de mes ailes sur les nuages
Avec mon corps sur la plage
Du bout des doigts sur le grand tableau de la Vie
Sur la buée du miroir ébahi
D'un profond regard sur l'azur marin
A l'encre de mes rêves sur ton chemin
Sur les neiges éternelles
Sur cette ligne qui, quand tu la lis, s'éveille…

J'ai écrit ton Nom…

Je fais des fautes
A tous les temps
Tout le temps
Il y en a tant,
… Attends !...

Je fais des vers
A l'endroit, à l'envers,
En dessus ou à couvert,
Revers sur le dévers,
Hiver de vair
… Vert !...

Je fais de la prose
De mots roses,
Parfois moroses,
Des roses s'y posent
Osant la pause,
… Ose !...

... QUI ?...

A force de dire « Je »
Tu tues le « Tu »,
A force de ce Jeu
A qui réponds-je ?
Jugez ce « Je »
Têtu ! (que dis-je !)
C'est jeter l'adage
Du tutu au voilage…
Si « Je » te dis « Tu »
Tu réponds… « Je » !...
… Alors… qui suis-Je ?...

VOYELLES

L'Attente, c'est la lettre A à l'école de la pAtience…

L'Espoir, c'est la lettre BLEUE avec des nuages blancs…

L'Infini, c'est la lettre I qui s'étire et pose un point dessus, comme un éclat de rire !

L'Eau, c'est la lettre E dans l'Oracle BlEU de tes yeux, ou ce O comme une bulle qui brille au-dessus de l'horizOn   _O_   jour et nuit…

Comme le creUx de mes mains, la lettre U pour t'offrir chaque jour mon cœUr qui bat…

Y ? C'est la croix de la Vie… mais qui le sait ?

… QUI SAIT…

Il était une planète Terre
Couleur de l'eau, couleur de l'Homme
Hydrosphère dans l'ozone,
Merveille de l'Univers…
Que deviendront ces petites créatures
Plus solitaires que solidaires.
Nos enfants verront-ils une ère
Pleine de satellites futurs ?
Il était une fois la Vie,
Que personne ne l'oublie…

Combien de lignes ai-je écrit ?
Combien de pieds ai-je compté ?
S'en est fini et bien fini
Je range plumes et papier…

Je vais laisser mon âme flotter
Sur l'océan de l'inconnu
Je m'échouerai, et les pieds nus,
J'irai sur le sable doré
Mais je ne dessinerai pas
Les lettres avec un bout de bois…

Combien de lignes avez-vous lu ?
Combien en avez-vous retenu ?
S'en est fini, plumes et papier,
Encrier violet et petits cahiers…

Je vais chanter une chanson !
Vous me dites « NON » ?
Vous avez bien raison !...
La poésie est une passion…

Sans s'en mêler,
l'histoire sans dessus-dessous sent le vent tourner,
Et nous fait tourner les sangs…

Par-dessus tout, sans s'emmêler,
les sans-le-sou savent bien combien font cent sous…
Pas vous ?!...

PAGE BLANCHE

Cela devait arriver… c'est dimanche…
Et ma page est blanche…
Que pourrais-je bien écrire
Qui puisse te faire plaisir ?
Vers quel doux paysage
Ferais-tu ce beau voyage ?
Les mots ne viennent pas
Et toi,… tu attends là…
Demain avec la lune
Je reprendrai ma plume,
Ma page à l'encre noire
Sera pleine d'espoir…

Bonne nuit….

Que la quiétude vous délasse et vous laisse REVER…
Puisqu'elle vous berce et vous laisse lire …   REVER…
dans les deux sens…

ECRIS, ECRIS TON NOM…

En couleur
Pastel de fleurs
Ou camaïeu
Ciel de tes yeux

En douceur
Avec le cœur
Retiens ce cri
Enlace la vie

En mélodie
Bleue de la nuit
Gouttes de pluie
Tu ris aussi

Ecris, écris ton nom
Comme un début à un point rond
Avec les mots de la passion
Ecris, et cris ton nom
A l'unisson

TROBADA

Il n'y a pas de frontière à ce monde,
Pas de pierre qui roule et ne fonde
Sous le soleil éblouissant
De ton cœur bondissant...
Il n'y a que cet air joyeusement
Imaginaire de ton levant,
Inconnu des siècles avant,
Il est divin, il est le VENT
Et pour toi je l'ai ...IN-VENT-E...

Les mots s'écrivent en italique,
Ou en police fantastique,
Voire de manière académique !
Ils ne sont jamais achromiques
Et sous leurs cristaux métalliques,
Deviennent anachroniques…
Les majuscules sont des exordes
Et la ponctuation les escorte,
Les mots vont parfois en cohorte
Et ils s'enchainent comme une horde…
Laisse les mots dans le silence
De l'écriture… et si tu penses
A la liberté d'écrire
Ils parleront pour me le dire…

Il serait stupide d'écrire :

« IL EST INTERDIT DE LIRE »

… puisqu'il faut le lire !!...

… ou bien juste pour le plaisir de braver cet interdit… !

… fais-toi ce plaisir, et relis-le !...

10 MOI…

10 moi des mots
2   1000 couleurs
Des mots 6 beaux
Ceux 2 ton cœur…

10 moi 1 mot 6 doux
Que le vent jaloux
10-ra au monde entier
De voler par 100-liers !...

10 moi ce mot
Entre nous 2, à 8 clos,
1 mot de passe par cœur
1 mot fléché… dans le 1000, dans mon cœur !

Apprendre… c'est juste l'équilibre
Entre l'instant de la découverte et celui de la comprendre…

Comprendre… c'est le juste équilibre
Entre apprendre et transmettre ce que l'on a appris dans notre existence…

… et l'équilibre est la base de toute compréhension…

LA POESIE…

La poésie ?... C'est l'illusion, la passion
La moisson des sons
Le poids des scissions
Parfois des décisions
L'ultime Pourquoi
L'Univers d'un Toi
L'interrogation
Ce petit moi, tes raisons
La confiance à l'unisson
La Poésie ?... C'est ma chanson
Et tu en es le diapason…

… LIRE…

Sur le cadran des heures, tu comptes le chiffre des heures
Sur le calendrier, tu additionnes les jours, les années
Sur le miroir glacé, tu te surprends à voir défiler cet insaisissable instant présent,
Et il te marque de temps en temps, d'un léger sillon si sage,
Ou d'un autre plus réfléchi…

… Laisse-moi lire dans ta Vie…

… tout le temps…

MESSAGE

Quel est cet improbable message
Glissé entre ces pages ?...
Entre ces lignes, entre ces mots
Il y a une âme, un adagio,
Un concerto pour un piano,
Un silence a capriccio...
Quel est cet espace sauvage
Griffé d'une plume sage ?
Le vent n'aura jamais l'otage
De la tendresse de cette image...

COMMENT LIRE ?

Tu peux lire un livre dans toutes les positions : assis dans la maison, dehors en pleine nature, debout adossé à un arbre, couché sur le dos dans le sable, sur le côté dans le jardin, une brindille entre les dents, à plat ventre sur le lit… tu peux imaginer toutes les positions pour lire tranquillement…
Mais si l'idée te venait de t'installer les jambes en l'air et la tête en bas (pourquoi pas !) n'oublie pas en ramassant ton livre à la bonne page… de le retourner !...

.

! erutcel ennoB

ETRE L'ENCRE

Etre l'encre….
De cette plume s'aventurant sur les lignes de ta page,
Dessinant de belles phrases arrondies,
De longues majuscules au doux frisage…
Etre l'encre de mots inédits, incompris,
Aux origines lointaines, voire inconnues
Aux sonorités inattendues,
Etre ces mots qui ne se taisent pas
Pour plonger dans ton regard quand tu les liras…

INSIGNE

C'est le signe du destin
Qui fera un petit signe
Et ce rat sera un petit cygne,
Un signe de Vie, divin…
Si le Lion est son signe
Le langage des signes
Sous son sourire désigne
Une passion qui fascine
Et jamais ne se résigne…
La plume en est l'insigne…

Aimer ?...
Comment te conjuguer ?
Au futur, au passé ?
Au présent, au subjonctif ?
Pas au conditionnel, ni à l'impératif...

Aimer !
Simplement sans armure
Comprendre un regard pur...
Mais il manque un temps :
Le temps de vivre cet instant
De me jeter dans l'espace
Non d'un rêve fugace
Mais de tes bras, de ta vie...
C'est le début de l'infini...

... Aimer...
Il reste toujours la force d'aimer
A tous les temps imaginés...

Une page manquante dans un livre ?

Cela peut passer inaperçu…

… à moins qu'elle ne nous ait plu

Et que nous voulions la lire à nouveau…